CONSTITUTION NATIONALE

DES ARMÉNIENS

Traduite de l'arménien sur le document original

Par M. E. PRUD'HOMME.

PARIS

BENJAMIN DUPRAT

LIBRAIRE DE L'INSTITUT, DE LA BIBLIOTHÈQUE IMPÉRIALE ET DU SÉNAT,
DES SOCIÉTÉS ASIATIQUES DE PARIS, DE LONDRES, DE MADRAS,
DE CALCUTTA, DE SHANG-HAI ET DE LA SOCIÉTÉ ORIENTALE AMÉRICAINE DE NEW-HAVEN (ÉTATS-UNIS)

Rue du Cloître Saint-Benoît (rue Fontanes), 7

Près le Musée de Cluny.

1862

CONSTITUTION NATIONALE

DES ARMÉNIENS

Traduite de l'arménien sur le document original

Par M. E. PRUD'HOMME.

La *Constitution nationale arménienne*, dont nous offrons une traduction au lecteur, remonte à l'année 1860. C'est elle qui a servi de modèle à la constitution grecque, dont M. le prince Galitzin a publié une Étude dans ce même journal. Rédigée en langue vulgaire, dite de Constantinople, par des hommes exercés et animés d'un grand patriotisme, elle n'est pas venue au jour sans peine. Sanctionnée enfin par le gouvernement d'Abd-ul-Medjid, après de longues et pénibles négociations habilement dirigées et menées à fin par un homme d'État éminent qui occupe un poste élevé auprès de la Sublime Porte, elle fut promulguée au mois de mai de la même année. Le gouvernement nouveau, trouvant trop larges les concessions octroyées par son prédécesseur, a voulu en restreindre l'étendue ; mais en face de l'attitude ferme et résolue des Arméniens, ses efforts n'ont pas abouti.

La traduction a été faite sur l'édition authentique qui en a paru à Constantinople avec le sceau du patriarche arménien.

Constitution nationale arménienne.

PRINCIPES FONDAMENTAUX.

1

Tout individu appartenant à la nation a des devoirs à remplir envers la nation. Celle-ci a de son côté des devoirs à remplir envers tout individu lui appartenant. De plus chaque individu tient des droits de sa nation et la nation des individus.

La puissance qui définit ces devoirs et garantit ces droits s'appelle gouvernement national. Par un privilége spécial, la Porte Ottomane octroie au gouvernement national l'administration des affaires intérieures des Arméniens de Turquie.

2

Le gouvernement national est basé sur le principe du droit et du devoir, qui sont les fondements de la justice; sa force consiste dans la majorité des suffrages, qui est le fondement de la légitimité. Tout acte national qui n'est pas conforme à ces principes n'est ni juste ni légitime.

3

La nation et son gouvernement sont liés l'un à l'autre par des devoirs réciproques.

4

Les devoirs des nationaux sont de contribuer, chacun pour sa part, et suivant la mesure de ses moyens, aux dépenses exigées par les besoins de la nation, d'être prêts à fournir à la nation les services réclamés par elle, et de se soumettre par amour pour elle aux actes du gouvernement national.

5

Les devoirs du gouvernement national sont de pourvoir aux besoins moraux, intellectuels et physiques de la nation, de maintenir inébranlables la confession et les traditions de la sainte Église arménienne, de propager également parmi les enfants des deux sexes, sans distinction de condition, l'enseignement des connaissances indispensables à l'homme, de conserver leur éclat aux institutions nationales, d'augmenter par les moyens légaux les revenus de la nation et régler les dépenses avec sagesse, d'améliorer la position et assurer l'avenir de ceux qui se consacrent pour toujours au service de la nation, de soigner paternellement les indigents, de pacifier avec justice les différends survenus entre nationaux et de n'épargner aucune peine pour la prospérité et l'avancement de la nation.

6

En vue de l'accomplissement de tous ces devoirs et de la garantie de ces droits, la nation constitue de la manière suivante le gouvernement des affaires nationales.

CHAPITRE PREMIER.

Gouvernement national.

COMPOSITION :

1. En vertu du privilége octroyé par la Sublime Porte,

Le gouvernement national est représentatif.

La nation est représentée par une assemblée générale, par l'intermédiaire de laquelle elle exerce la puissance nationale.

L'assemblée générale, se réservant le gouvernement des affaires générales, remet à deux assemblées nationales la gestion des affaires ordinaires de la nation, savoir : les affaires religieuses à une assemblée religieuse; les affaires civiles à une assemblée civile; quant aux affaires mixtes, l'assemblée générale en confie la gestion à une assemblée mixte formée des deux précédentes, se réunissant pour un temps déterminé.

2. Le gouvernement national, considérant la répartition des travaux comme la première condition d'une bonne orga-

nisation, distingue l'une de l'autre la surveillance et la gestion des affaires nationales au moyen de deux sortes de conseils.

Relativement à la surveillance, il institue quatre conseils nationaux chargés des branches les plus importantes des affaires nationales, savoir : un conseil d'instruction publique, un conseil d'administration, un conseil des finances et un conseil de justice, et, sauf le droit de sanction qu'il se réserve, confie à la compétance de chacun de ces conseils la surveillance de chacune de ces branches des affaires nationales.

Relativement à la gestion, il établit à Constantinople des conseils de quartier sous le nom de l'église principale du quartier, et confie la gestion de toutes les affaires et institutions locales de chaque quartier à son conseil respectif, sous la surveillance des conseils nationaux.

3. Le chef officiel du gouvernement national est le patriarche de Constantinople, et le centre, le palais patriarcal de la même ville.

Les assemblées et conseils nationaux, reconnaissant pour chef le patriarche de la nation, établissent à Constantinople le centre du gouvernement national, dont le pouvoir s'étend sur tous les Arméniens de Turquie.

4. Le gouvernement central de la nation est représenté dans les provinces de la Turquie où réside un ar'adschnort [1] par des assemblées provinciales qui, en dehors de Constantinople, constituent le gouvernement provincial de la nation, dont le chef officiel est l'ar'adschnort de la province, et le centre, le palais de l'ar'adschnort.

5. Le gouvernement provincial et les nationaux habitant la province sont liés par les mêmes devoirs réciproques que le gouvernement central et toute la nation ; le gouvernement provincial sera modelé sur le gouvernement central.

6. Le gouvernement provincial institue dans les villes où réside un ar'adschnort des assemblées religieuse et civile,

[1] Ar'adschnort en arménien veut dire chef; ce chef est toujours un abbé. (*Note du traducteur.*)

auxquelles il confie la surveillance des affaires religieuses et civiles de la province.

Ces assemblées instituent dans les quartiers des villes, sous leur surveillance et leur responsabilité, des conseils de quartier par l'intermédiaire desquels elles gèrent les affaires locales, de la même manière que les assemblées centrales en agissent avec les conseils de quartier de Constantinople.

Elles instituent également, sous leur surveillance et leur responsabilité, des conseils diocésains, auxquels elles confient la gestion de toutes les affaires et institutions locales de chaque diocèse.

RESPONSABILITÉ.

7. Chaque assemblée, chaque conseil est compétent en ce qui le concerne, à condition d'en rendre compte.

En ce qui touche le gouvernement provincial, les conseils de quartier et diocésains sont responsables vis-à-vis des assemblées provinciales, les assemblées provinciales vis-à-vis des assemblées générales provinciales, le gouvernement provincial vis-à-vis du gouvernement central, l'ar'adschnort vis-à-vis du patriarche.

En ce qui touche le gouvernement central, les conseils de quartier de Constantinople sont responsables vis-à-vis des conseils nationaux de surveillance, chacun en ce qui le concerne; les conseils de surveillance vis-à-vis de l'assemblée civile nationale, à l'exception du conseil de justice, qui est responsable vis-à-vis de l'assemblée mixte.

Les assemblées religieuse et civile et le patriarche sont responsables vis-à-vis de l'assemblée générale.

L'assemblée générale est moralement responsable vis-à-vis de la nation.

RELATIONS.

8. Les relations du gouvernement national avec la nation, avec la métropole d'Ararad, avec la Sublime Porte, seront basées sur les principes suivants :

Avec la nation et les nationaux, se conduire toujours paternellement.

Avec la métropole d'Ararad, conserver toujours fidèlement le dépôt des traditions qui depuis nos ancêtres rattachent l'une à l'autre la nation et la métropole.

Avec la Sublime Porte, demander à la protection de l'empire le maintien des droits religieux et civils tant de la nation que des nationaux, et garder fidèlement l'obéissance de la nation à l'empire.

Le patriarche est l'intermédiaire de ces relations.

I. GOUVERNEMENT CENTRAL.

I. *Assemblée générale de la nation.*

9. L'assemblée générale de la nation se compose de 220 représentants de la nation, dont 160 élus par les églises des quartiers de Constantinople, et 60 par les provinces où réside un ar'adschnort.

Sont membres de l'assemblée générale, conjointement avec les représentants de la nation :

1° Parmi les membres du gouvernement central de la nation, les membres des assemblées religieuse et civile, des quatre conseils de surveillance, et les présidents des conseils de quartier.

Le nombre des membres de cette catégorie est de 100. Mais ce nombre peut ne pas être ajouté absolument à celui des représentants, parce que parmi eux il peut s'en trouver qui soient élus aussi représentants.

2° Les personnes honorées d'une charge supérieure au service de la nation ou de l'empire, et dont le mérite est reconnu par la nation ou l'empire, savoir : dans l'ordre religieux, les évêques résidant à Constantinople, les vartabeds prédicateurs [1] et les curés des églises de Constantinople ; dans l'ordre de l'enseignement, les écrivains nationaux, les médecins diplômés, les hauts professeurs, les rédacteurs en chef de journaux ; dans l'ordre civil, les hauts fonctionnaires, les membres des sociétés impériales, les directeurs et interprètes en chef des chancelleries de la Sublime Porte, les directeurs des établissements nationaux ou impériaux, les chefs d'institutions ; dans l'ordre militaire, les officiers supérieurs.

Le nombre des membres de cette catégorie ne peut pas être fixé d'une manière absolue pour les raisons énoncées ci-dessus. Mais en principe le nombre total des membres de ces deux catégories ne pourra jamais être égal à celui des représentants [2].

10. Le nombre des représentants à l'assemblée générale ne pourra excéder 400. Lorsque la majorité du nombre des représentants, c'est-à-dire 141, ne sera pas présente, l'assemblée générale ne pourra tenir séance.

11. Les attributions de l'assemblée générale consistent à choisir, au nom de la nation et par représentation, les hauts fonctionnaires de la nation, à instituer les assemblées nationales, à recevoir les comptes de leur administration et à régler en dernier ressort les affaires importantes ou générales de la nation.

Elle doit maintenir fermement les principes de la Constitution nationale, et agir en tout conformément à ses dispositions.

12. L'assemblée générale se réunit :

1° Régulièrement, chaque année, à la fin du mois de mars, pour entendre le compte rendu général annuel du gouvernement national, procéder à l'élection de la moitié des membres

[1] Vartabed en arménien signifie *docteur*. Les vartabeds forment dans la religion arménienne la portion enseignante du clergé : elle est appelée clergé noir, par opposition au clergé blanc, chargé de l'administration des sacrements sans droit de prêcher. (*Note du traducteur.*)

[2] Cet article devra être revisé lorsque le nombre des fonctionnaires, tant de la nation que de l'empire, sera arrivé à un chiffre tel qu'il devienne impossible de maintenir cette proportion.

des assemblées nationales, et régler l'emploi des impôts annuels de la nation. Dans cette même session annuelle, les membres du gouvernement ont le droit de discussion mais non de suffrage, dans toutes les questions autres que les demandes d'impôt ;

2° Pour participer à l'élection du catholicos ;

3° Pour l'élection des patriarches de Jérusalem et de Constantinople ;

4° Pour les dissentiments survenus entre les assemblées religieuse et civile, ou entre le patriarche et les assemblées.

Dans ces cas encore, les membres du gouvernement ont le droit de discussion mais non de suffrage.

5° Pour reviser la constitution nationale ;

Et enfin, extraordinairement, dans le cas où il surviendrait des affaires graves pour la décision desquelles les assemblées nationales jugeraient la réunion de l'assemblée générale nécessaire.

13. L'assemblée générale convoque : 1° le patriarche au nom de la nation ; 2° le président de l'assemblée générale au nom du bureau de cette même assemblée ; les présidents des assemblées religieuse et civile au nom de ces mêmes assemblées.

II. *Patriarche.*

14. Le patriarche est le chef des assemblées nationales, dont il exerce le pouvoir exécutif.

15. Le patriarche transmet à l'examen et à la décision de l'assemblée compétente toutes les affaires qui lui sont soumises. Dans les décisions nationales, ses écrits officiels seront considérés comme nuls toutes les fois qu'ils ne seront pas scellés ou signés par l'assemblée compétente. Cependant s'il se présente une affaire pressante pour la décision de laquelle il ne soit pas possible d'attendre jusqu'à la réunion des assemblées, ni de convoquer une assemblée extraordinaire, le patriarche peut la résoudre de sa propre autorité, mais sous sa responsabilité, et l'obligation d'enregistrer toujours réguliére-

ment le fait, pour, dans la prochaine session, en saisir l'assemblée compétente et le soumettre à son approbation.

16. Le patriarche a le droit d'adresser des observations sur toute décision prise dans le sein des assemblées nationales pendant son absence et non signée par lui, et de demander que l'affaire soit soumise à un second examen. Mais après la seconde décision, il est obligé d'apposer sa signature, pourvu toutefois que dans cette décision il ne se trouve rien de contraire aux dispositions de la constitution.

17. Le patriarche a le droit de destituer de sa charge tout fonctionnaire national, ecclésiastique, professeur, administrateur d'église, supérieur de couvent, directeur de collége ou d'hôpital qui ne se conduit pas conforméemnt aux dispositions de la constitution, ou d'interdire du droit de proposition l'individu compétent.

18. Le patriarche n'a pas le droit de dissoudre de sa propre autorité les assemblées nationales ni les conseils. Mais s'il s'aperçoit que ces assemblées suivent une voie contraire à la constitution, la première fois il confère avec leur président pour obtenir des explications; la seconde fois, il signale par écrit à l'assemblée répréhensible l'illégalité de sa conduite, et la rappelle à l'ordre; la troisième, il convoque l'assemblée générale, si cette assemblée est une assemblée nationale, ou s'adresse à l'assemblée civile, si c'est un conseil, et demande la dissolution de l'assemblée coupable avec exposé des motifs.

19. Il est accordé au patriarche une allocation mensuelle sur la caisse nationale; les dépenses exigées par l'administration intérieure du palais patriarcal sont à sa charge.

III. *Assemblée religieuse nationale.*

20. L'assemblée religieuse se compose de 14 ecclésiastiques instruits.

21. Les attributions de l'assemblée religieuse consistent dans la surveillance générale des affaires religieuses de la nation.

Sa mission est d'accroître le sentiment religieux dans la

nation, de conserver fermes et intactes la confession et les traditions de la sainte Église arménienne, de veiller au bon ordre des églises et du clergé, de s'appliquer à améliorer la position et à assurer l'avenir des prêtres, de faire avancer les ecclésiastiques méritants et instruits, d'examiner et de résoudre les querelles religieuses survenues dans la nation.

22. S'il se présente une affaire religieuse grave, que l'assemblée religieuse ne puisse résoudre, elle s'adjoindra les ecclésiastiques siégeant à l'assemblée générale, et si cette nouvelle assemblée juge que l'affaire soit au-dessus de sa compétence, elle devra s'adresser à la métropole d'Ararad.

23. Les vartabeds et les prêtres, tant à Constantinople que dans les provinces, ne seront ordonnés que sur un permis de l'assemblée religieuse.

24. Quand le peuple appartenant à une église, ne sentant pas le besoin d'avoir un plus grand nombre de prêtres, n'en fait pas la demande par l'intermédiaire de son conseil de quartier, il ne sera pas donné de permis d'ordonner de prêtre pour l'église de ce quartier.

25. L'assemblée religieuse désigne, et le patriarche nomme les vartabeds prédicateurs et les curés des églises de Constantinople.

26. L'assemblée religieuse doit regarder comme un devoir sacré de veiller à ce que les cérémonies religieuses soient accomplies gratuitement, et que les ministres du culte vivent de l'église.

IV. *Assemblée civile nationale.*

27. L'assemblée civile se compose de 20 membres laïques versés dans les choses civiles.

28. Les attributions de l'assemblée civile consistent dans la surveillance générale des affaires civiles de la nation.

Sa mission est d'examiner attentivement les propositions d'utilité nationale qui lui sont soumises par les conseils nationaux, d'appuyer celles dont l'importance aura été reconnue, de s'appliquer à supprimer les obstacles, s'il y en a, qui s'opposent à leur exécution, et de ne rien négliger de ce qui peut concourir à la prospérité et à l'avancement de la nation.

29. L'assemblée civile transmet au conseil compétent toutes les affaires qui lui sont soumises; elle ne peut rien faire sans l'avis de ce dernier.

30. L'assemblée civile peut, pour un motif raisonnable, ne pas confirmer ou rejeter la décision d'un conseil, mais par respect pour sa compétence, elle ne pourra prendre une décision opposée à la sienne, ni la mettre à exécution.

31. L'assemblée civile n'a pas le droit de dissoudre un conseil national tant que ce dernier ne marche pas dans une voie opposée aux dispositions de la constitution; dans le cas contraire, la première fois, elle demande au président une explication; la seconde, elle signale par écrit au conseil sa conduite irrégulière et le rappelle à l'ordre; la troisième, elle le dissout, mais à charge par elle d'expliquer à l'assemblée générale, dans son rapport annuel, les motifs de cette dissolution.

32. S'il se présente une affaire civile grave, dont l'assemblée civile juge que la décision soit au-dessus de sa compétence, elle devra s'adresser à l'assemblée générale.

V. *Conseil national d'instruction publique.*

33. Le conseil d'instruction publique se compose de 10 laïques appartenant à l'enseignement.

34. Les attributions du conseil d'instruction publique consistent dans la surveillance générale de l'enseignement national.

Sa mission est de veiller à la bonne organisation des colléges nationaux, de dresser un programme général d'éducation nationale, et des règlements pour les écoles; d'établir dans les colléges nationaux une marche unique, conforme auxdits règlements, tant pour l'étude que pour l'enseignement; de propager l'étude des connaissances élémentaires, de soigner d'une manière toute spéciale l'éducation des filles, d'aider par des encouragements et des secours les sociétés fondées dans ce but, de prendre des mesures pour améliorer la position et assurer l'avenir des professeurs nationaux, de donner de l'avancement aux professeurs capables, et aux écoles des livres classiques choisis.

35. Le conseil d'instruction publique doit, en ce qui le concerne, faire tous ses efforts pour que, tant à Constantinople que dans les provinces, il soit établi dans chaque quartier des écoles élémentaires, et un collége national pour les études classiques à Constantinople et dans toutes les villes où réside un ar'adschnort. Il sera, par ce collége, donné un certificat aux élèves sortants, et un diplôme de professeur à ceux qui auront fait des études spéciales.

36. Le conseil d'instruction publique choisit les livres classiques et les professeurs qui doivent composer l'enseignement des colléges. Mais pour ce qui regarde l'enseignement religieux, il demandera à l'assemblée religieuse les livres et le professeur.

37. Le conseil d'instruction publique préside l'examen annuel des colléges nationaux; l'examen de l'enseignement religieux est fait par l'assemblée religieuse.

VI. *Conseil national d'administration.*

38. Le conseil national d'administration se compose de 10 membres laïques versés dans les choses administratives.

39. Les attributions du conseil d'administration consistent dans la surveillance générale de l'administration des fondations et propriétés nationales.

Sa mission est de s'appliquer à donner à ces fondations de l'éclat et une bonne organisation.

40. Le conseil d'administration institue pour les couvents et les hôpitaux des administrations spéciales, par l'intermédiaire desquelles il dirige ces fondations.

41. L'administration des couvents se compose de 7 membres, dont 3 ecclésiastiques et 4 laïques.

Le conseil d'administration désigne les administrateurs, et le patriarche les nomme avec l'approbation de l'assemblée civile.

42. La tâche de l'administration des couvents est d'utiliser, au profit de la nation, les biens et revenus de ces fondations, par l'établissement de collèges dans les couvents, conformément au programme dressé par l'assemblée religieuse et le conseil d'instruction publique, et, là où il en sera besoin, d'un hôpital, d'une presse, d'un musée.

43. L'administration de chaque couvent se compose de membres locaux qui administrent le couvent sous la présidence du supérieur, et indépendamment de l'assemblée provinciale.

44. L'administration des hôpitaux se compose de 7 membres, dont 2 médecins.

Le conseil d'administration désigne ces administrateurs, et le patriarche les nomme avec l'approbation de l'assemblée civile.

45. L'objet que devra se proposer l'administration des hôpitaux sera de faire servir ces fondations à leur but, en y établissant : premièrement, un hôpital proprement dit pour les malades pauvres; secondement, un hospice pour les vieillards nécessiteux et infirmes; troisièmement une maison de correction pour les débauchés; quatrièmement, un asile pour les enfants orphelins et sans maîtres.

Chacun de ces bâtiments sera, tant pour l'habitation que pour la discipline, disposé suivant les préceptes de la médecine et les règles de l'hygiène.

46. L'exécution des testaments appartient au conseil d'administration. Ce conseil doit veiller à ce que tout testament soit validé d'après une forme régulière, à ce que les intentions du testateur soient inviolablement observées et leur exécution assurée.

Conformément à ces dispositions, le conseil d'administration établira pour les testaments des règles et une administration spéciales.

Quand l'exécution d'un testament n'a pas lieu conformément

aux intentions du testateur, la famille a le droit de réclamer.

47. Des copies des titres des propriétés immobilières (contrat, homologation, acte), situées tant à Constantinople que dans les provinces, seront rassemblées par les soins du conseil d'administration et déposées dans les archives nationales pour y être conservées en sûreté.

48. Le conseil d'administration doit veiller à ce que toute propriété nationale soit confirmée par un titre régulier.

49. L'achat et la vente d'une propriété nationale quelconque ne peuvent avoir d'effet avant qu'avis en soit donné au conseil d'administration, sans le consentement de l'assemblée civile et l'apposition du sceau patriarcal.

En vertu de ces dispositions, est supprimée l'administration dite de l'homologation.

50. La construction ou la restauration d'édifices situés dans Constantinople ou aux environs, ne peut être commencée avant qu'il en soit donné avis aux conseils d'administration et des finances, et sans le consentement de l'assemblée civile.

De même, aucune somme d'argent ne pourra être réunie pour une fondation nationale quelconque en dehors des conditions sus-mentionnées.

VII. *Conseil national des finances.*

51. Le conseil des finances se compose de 10 membres laïques versés dans ces matières.

52. Les attributions du conseil des finances consistent dans la surveillance générale des recettes et des dépenses nationales, et la comptabilité de la caisse nationale.

Sa mission est d'arrêter régulièrement les comptes de l'administration des fondations nationales, de vérifier les comptes des dépenses, de s'efforcer d'augmenter les ressources nationales dans des proportions telles que l'entrée et la sortie de la caisse nationale, venant un jour à se balancer, les impôts généraux puissent être considérablement diminués.

53. Les entrées de la caisse nationale consistent principa-

lement dans les impôts généraux annuels, les revenus des propriétés, les recettes faites par les archives, les testaments, dons, etc.; les sorties, principalement dans les dépenses du palais du patriarche et de la chancellerie, les dépenses des hôpitaux, les subventions accordées aux églises et aux colléges des quartiers pauvres, et autres dépenses accidentelles.

54. Le compte de la caisse nationale sera dressé d'après les règles de la tenue des livres.

55. Chaque année, deux mois avant le premier jour de l'année suivante, le conseil des finances balance les recettes et les dépenses, et présente à l'assemblée civile une copie des comptes.

VIII. *Conseil national de justice.*

56. Le conseil national de justice se compose de 10 membres versés dans l'étude du droit, dont 5 ecclésiastiques et 5 laïques.

59. Les attributions du conseil national de justice consistent dans la surveillance générale des affaires judiciaires de la nation.

Sa mission est de tâcher de concilier avec équité les parties adverses, de prendre pour base de ses arrêts, en ce qui concerne les choses religieuses, les lois transmises par nos ancêtres; en ce qui concerne les choses civiles, les lois actuellement en vigueur dans les tribunaux de l'empire.

58. S'il se présente une affaire dont le conseil de justice juge que la décision soit au-dessus de sa compétence, il l'envoie à l'assemblée nationale compétente.

59. Tout individu jugé par le conseil de justice a toujours le droit d'en appeler, soit à l'assemblée religieuse, soit à l'assemblée civile, soit à l'assemblée mixte, suivant la nature de la cause.

IX. *Conseils de quartier.*

60. Les conseils de quartier se composent, suivant le lieu, de 5 à 9 membres.

61. Les attributions du conseil de quartier consistent dans la gestion des affaires locales du quartier, l'administration de la fabrique de l'église, la direction de l'école, le soin des pauvres, l'examen et la pacification des différends survenus entre nationaux.

Sa mission est de s'appliquer à donner de l'éclat à l'église du quartier, de créer et d'organiser avec soin dans son ressort des écoles pour l'instruction élémentaire des filles et des garçons, et de secourir les habitants nécessiteux du quartier.

62. Toute propriété quelconque, appartenant à l'école ou à l'église, dans chaque quartier, est placée sous l'administration immédiate du conseil de quartier. L'achat et la vente de ces propriétés ne peuvent être effectués que suivant les dispositions de l'art. 49.

63. Chaque quartier aura une caisse particulière sous la surveillance du conseil de quartier. Les entrées de cette caisse consistent dans les impôts du quartier, les revenus des propriétés de l'église et de l'école, les recettes de l'église, les dons offerts à l'intention des pauvres, les testaments, etc. ; les sorties, dans les dépenses de l'église et des écoles, et les secours aux pauvres.

64. Chaque conseil de quartier devra tenir un registre sur lequel seront inscrits, sous une forme régulière, les naissances, mariages et décès survenus dans le quartier.

65. Les conseils de quartier, pour ce qui concerne leurs attributions, sont en relations directes avec les conseils de surveillance, savoir : pour les affaires concernant l'administration des biens de l'église, avec le conseil d'administration; pour l'enseignement des collèges, avec le conseil d'instruction publique ; pour les affaires d'argent, avec le conseil des finances ; pour les affaires judiciaires, avec le conseil de justice.

Quand le conseil de quartier ne peut concilier les parties adverses, il envoie l'affaire au conseil de justice, avec un rapport sur l'enquête faite par lui.

x. *Archives nationales.*

66. Il sera établi dans le palais du patriarche une administration des archives, dont les papiers officiels concernant la nation formeront le ressort.

67. L'administration des archives sera divisée en trois bureaux, savoir :

1° Un bureau de la correspondance, chargé de l'expédition des papiers partant du palais patriarcal, et du classement des documents y arrivant;

2° Un bureau de l'enregistrement, chargé du classement des documents relatifs aux assemblées et aux conseils nationaux ;

3° Un bureau de statistique, chargé du classement des registres de l'état civil des nationaux, c'est-à-dire des registres de naissances, de mariages et de décès. Ce bureau délivre en outre aux nationaux les papiers authentiques nécessaires soit pour voyager, soit pour l'accomplissement d'actes publics, et de plus des certificats de naissance, de mariage et de décès.

68. Le bureau de la correspondance se composera d'employés en nombre suffisant pour répondre aux besoins de la correspondance, tant à l'intérieur qu'à l'extérieur, et au dépouillement des papiers rédigés en langue turque. Ce bureau est placé sous les ordres du patriarche, qui en nomme les membres avec l'approbation de l'assemblée civile.

Le bureau de l'enregistrement se composera de six secrétaires aux archives, dont deux chargés des affaires des assemblées religieuse et civile, et les quatre autres attachés aux affaires des quatre conseils de surveillance.

Les membres de ce bureau sont placés sous les ordres de chacun des conseils ou assemblées, aux affaires desquels ils sont attachés; ces assemblées ou conseils les désignent, et le patriarche les nomme avec l'approbation de l'assemblée civile.

Le bureau de la statistique sera confié à un notaire, qui sera désigné par l'assemblée civile et nommé par le patriarche.

Le nombre des membres de ces bureaux sera augmenté ou diminué selon les besoins du service.

69. A la tête de l'administration sera placé un directeur des archives, qui administrera sous sa responsabilité toutes les affaires y relatives; il est désigné par l'assemblée civile et nommé par le patriarche.

Le directeur des archives exerce les fonctions de secrétaire des archives de l'assemblée générale.

70. Le directeur des archives est tenu d'exiger une fois l'an de chacun des quartiers de Constantinople, et une fois tous les cinq ans de chacune des provinces, le recensement de leur population, c'est-à-dire les doubles des registres de naissances, de mariages et de décès, et de les faire enregistrer par le bureau de la statistique générale aux archives nationales.

71. Le directeur des archives doit savoir parfaitement la langue nationale, et posséder une connaissance suffisante des langues turque et française. Les secrétaires aux archives doivent également savoir très-bien la langue nationale et être versés dans la connaissance de tout ce qui concerne leurs fonctions.

72. Les secrétaires aux archives sont responsables en particulier vis-à-vis de leur assemblée ou conseil respectifs, et en général vis-à-vis du directeur des archives.

73. Les documents et certificats quelconques, délivrés par le bureau de la statistique doivent être revêtus, pour légalisation, du sceau patriarcal et de la signature du directeur des archives.

74. Les archives nationales seront ouvertes tous les jours pendant huit heures; les secrétaires devront y être présents aux mêmes heures, excepté les jours fériés. Cependant, s'il arrive qu'une assemblée ou un conseil se rassemble un jour férié, le secrétaire des archives de cette assemblée ou de ce conseil devra être présent.

II. GOUVERNEMENT PROVINCIAL.

I. *Assemblée générale provinciale.*

75. Dans les provinces, l'assemblée générale se compose des représentants de quartiers et de diocèses. Font partie de cette assemblée, conjointement avec ces représentants : 1° les membres des assemblées religieuse et civile et les présidents des conseils de quartier ; 2° les personnes honorées de fonctions supérieures au service de la nation ou du pouvoir local. (Art. 9.)

76. Les attributions des assemblées générales provinciales consistent à élire l'ar'adschnort de la province, au nom et par représentation de chaque province, à instituer les assemblées religieuse et civile, à recevoir les comptes de leur administration, et à gérer les affaires provinciales graves ou générales.

II. *Ar'adschnort.*

77. L'ar'adschnort est le chef des assemblées provinciales, dont il exerce le pouvoir exécutif.

Sa mission est de veiller à l'exécution de la constitution nationale dans sa province.

78. L'ar'adschnort ne pourra pas s'éloigner du chef-lieu de l'exercice de ses fonctions pour établir sa résidence dans les couvents. Il devra fixer sa résidence au siége assigné à l'ar'adschnort dans la capitale de la province, là où se réunissent les assemblées provinciales.

79. Il est accordé à l'ar'adschnort une allocation mensuelle sur la caisse provinciale ; les dépenses de l'administration de la maison de l'ar'adschnort sont à sa charge.

II. *Assemblées et conseils nationaux.*

80. Les assemblées religieuse et civile des provinces se composent, suivant les lieux, de 7 à 12 membres.

81. Les conseils de quartier et diocésains des provinces se composent de 5 à 9 membres.

82. Chaque province aura une caisse particulière, placée sous la surveillance de l'assemblée provinciale, pour l'établissement des comptes et l'administration des recettes et des dépenses nationales de la province; chaque quartier, chaque diocèse, aura également sa caisse.

Le compte de ces caisses sera dressé d'après une forme régulière.

83. Dans les provinces, il sera créé dans chaque résidence d'ar'adschnort une administration des archives provinciales; il en sera de même pour chaque quartier et chaque diocèse.

Les administrations des archives provinciales seront tenues de recueillir les recensements des quartiers et des diocèses de la province, et de dresser, à l'aide de ces documents, le recensement général de chaque province.

CHAPITRE II

Impôts nationaux.

84. Tout individu appartenant à la nation, adulte et exerçant une profession, est tenu de contribuer pour sa part aux dépenses exigées par les besoins de la nation, à l'exception de ceux dont l'impuissance est certifiée par leur quartier ou des personnes de même profession.

85. Les impôts nationaux sont annuels; les moyens de chacun seront pris pour base de leur répartition.

86. Il y a deux espèces d'impôts nationaux : l'un général, approprié aux dépenses générales et perçu au nom du gouvernement central pour la caisse nationale; l'autre particulier, destiné aux dépenses particulières et perçu au nom des conseils de quartier pour la caisse du quartier.

87. La répartition des impôts généraux et leur mode de perception dans la ville de Constantinople sont déterminés par l'assemblée civile et confirmés par l'assemblée générale.

Quant aux impôts de quartier, leur répartition et leur mode de perception sont déterminés et fixés par chaque conseil respectif.

Les impôts généraux des provinces et les impôts particuliers des quartiers sont administrés de la même manière dans les provinces.

88. Les provinces contribuent pour leur part aux impôts généraux de la nation.

Au lieu des impôts annuels versés, suivant l'usage observé jusqu'ici, à la caisse centrale de la nation par les provinces, la caisse provinciale versera tant pour cent des impôts généraux de la province perçus par elle, à la caisse centrale de la nation.

L'assemblée civile de Constantinople fixera le taux pour cent à verser.

CHAPITRE III

Élection.

I. LOI ÉLECTORALE.

1. *Conditions d'électorat.*

89. Pour avoir droit d'électeur, il faut vingt-cinq ans accomplis.

90. Sont privés ou interdits juridiquement du droit d'électeur :

1° Les individus condamnés pour crimes ou publiquement mal famés, qui sont morts civilement suivant les lois de l'empire ;

2° Les individus convaincus de fraude dans la gestion des affaires de la nation, ayant encouru une condamnation d'un tribunal national et déclarés par le même tribunal indignes du maniement des affaires nationales ;

3° Les individus condamnés au nom de l'empire à une peine correctionnelle ou sortis d'une maison nationale de correction, et qui ont été interdits par un tribunal national du droit d'électeur ; cette interdiction est levée quand le tribunal qui a prononcé l'interdiction certifie que les individus sont complétement corrigés ;

4° Les individus jugés incapables pour cause d'aliénation, ou dont la parfaite guérison n'est pas certifiée d'une manière authentique ;

5° Les individus refusant de payer l'impôt national obligatoire, le pouvant, qui ont encouru le blâme général de la nation pour ne pas remplir leurs devoirs nationaux. Cette interdiction est levée, quand les individus qui en auront été frappés auront commencé à reconnaître l'obligation d'acquitter cette dette nationale.

II. *Conditions d'éligibilité.*

91. Pour avoir droit de voix délibérative dans la direction des affaires nationales, il faut trente ans accomplis.

Tout individu appartenant à la nation, ayant trente ans accomplis et n'étant pas privé ni interdit juridiquement de la jouissance de ses droits nationaux, est éligible à toute fonction nationale quelconque.

II. ÉLECTION DES REPRÉSENTANTS DE LA NATION.

92. L'élection sera basée sur le chiffre de la population.

Le tableau de la répartition des représentants pour chaque quartier et pour chaque province sera dressé d'après une forme spéciale.

Le tableau de répartition des représentants sera renouvelé une fois tous les cinq ans, conformément au recensement général dressé par l'administration des archives nationales.

Ce renouvellement se fait dans une réunion générale formée des principaux membres du gouvernement, c'est-à-dire des présidents des assemblées religieuse et civile, des présidents des conseils de surveillance et de gérance.

93. Il n'est pas nécessaire que les représentants choisis par les quartiers de Constantinople ou les provinces soient domiciliés dans le quartier ou la province où a lieu l'élection ; il suffit que ce soient des personnes habitant Constantinople et qui, par leur patriotisme et leur honorabilité, aient acquis l'estime des électeurs.

Ces députés ne sont pas considérés par l'assemblée générale comme représentants du quartier ou de la province qui les a élus : ils sont représentants de la nation, avec les mêmes pouvoirs que les autres.

Assemblée électorale.

94. Le patriarche fait connaître aux provinces, deux mois avant le jour de la dissolution de l'assemblée générale, et un mois seulement auparavant aux quartiers de Constantinople, le nombre de représentants à élire par chaque quartier ou province, et les invite à réunir l'assemblée électorale, en leur rappelant les conditions d'éligibilité et les règlements électoraux.

Une copie de ce décret restera exposée au siége du conseil de quartier jusqu'à la fin des élections.

95. Dans chaque quartier, l'assemblée électorale est formée d'habitants du quartier reconnus par leur mérite capables de devenir eux-mêmes représentants (art. 9) et possédant les conditions d'électorat.

L'assemblée électorale se compose de 21 membres. Si dans un quartier les personnes ci-dessus mentionnées ne se trouvent pas en nombre suffisant pour remplir ce cadre, il sera complété à l'aide des électeurs les plus imposés.

L'assemblée électorale est présidée par le prédicateur de l'église, ou, en son absence, par le curé; son bureau se compose d'un président, d'un secrétaire et de trois censeurs.

L'assemblée électorale, de concert avec le conseil de quartier, préside les opérations électorales.

96. L'assemblée électorale dresse une liste de candidats en nombre triple au plus de celui des représentants à élire, pour faciliter le choix des électeurs.

Cette liste reste exposée au siége du conseil de quartier, mais les électeurs ne sont en aucune façon forcés de s'y conformer.

97. Les assemblées électorales, vérifiant chacune dans son quartier les conditions d'électorat, dresseront une liste des électeurs par ordre alphabétique; cette liste restera exposée pendant huit jours au siége du conseil de quartier, afin que les électeurs du quartier puissent faire des observations sur leur nom, s'il y a lieu.

98. L'assemblée électorale délivre à chaque électeur une carte personnelle portant ce qui suit :

. . . . *(Nom de l'électeur.)*
. . . . *(Nom du quartier.)*

et signée par l'assemblée électorale.

Personne ne pourra sans présenter cette carte prendre part au scrutin.

99. Si, pour un motif quelconque, les électeurs ne sont pas convoqués par le patriarche (art. 94), ils le seront par un ordre du président de l'assemblée civile au nom du gouvernement national.

Si le gouvernement national lui-même néglige de remplir ce devoir et que l'époque fixée par la Constitution pour les élections soit arrivée, les électeurs, usant de leur droit, se réuniront avec pleins pouvoirs au siége du conseil de l'église du quartier ou du diocèse, se constitueront en assemblée électorale, et éliront leurs représentants conformément aux règlements électoraux.

Lorsque la majorité des représentants aura été élue de cette manière, l'ancienne assemblée générale sera immédiatement et légalement dissoute et privée de tout pouvoir, et tout ce qu'elle fait ou a fait à partir de ce moment sera considéré comme illégal et de nulle valeur.

Vote.

100. Une semaine après que la liste des électeurs aura été exposée, le dimanche matin, après l'office, il sera, au siége du conseil de quartier, procédé à l'élection de la manière suivante :

Le président de l'assemblée électorale ayant en mains la liste des électeurs, les appelle suivant l'ordre d'inscription; ceux-ci déposent leur carte sur la table, et, après avoir apposé leur signature en face de leur nom sur la liste des électeurs, écrivent sur une feuille de papier, successivement de haut en bas, et de leur propre main, les noms d'autant de personnes qu'il y a de représentants à élire, en indiquant en face de chaque nom le prénom, le domicile et la profession, plient le papier et le jettent dans l'urne.

101. Le scrutin est secret. Par conséquent, chaque votant doit remplir son bulletin à l'écart, afin que personne autre ne puisse voir les noms écrits par lui.

102. Le scrutin devra être clos le jour même qu'il aura commencé.

Tout électeur qui n'aura pas voté ce jour-là n'aura pas droit de réclamer.

103. Nul ne pourra voter à la fois dans deux quartiers ou deux provinces.

104. Les quartiers ou diocèses appartenant à la même ville ou à la même province peuvent, quand ils sont voisins, réunir en un même lieu les opérations de leur scrutin; s'ils sont éloignés l'un de l'autre, ils doivent avoir chacun son scrutin; mais le vote terminé, ils peuvent en réunir les résultats.

Recensement des votes.

105. Le vote terminé, le même jour et dans la même séance, l'urne du scrutin est ouverte sous la surveillance de l'assemblée électorale; les censeurs comptent les votes et les comparent avec le nombre des votants. Si le résultat est égal ou ne présente qu'une différence insignifiante, c'est-à-dire

de un ou deux bulletins (car il peut arriver qu'un ou deux votants aient oublié de signer sur la liste des électeurs), le vote est valide ; mais si la différence est de plus de deux bulletins, et si l'assemblée électorale soupçonne quelque fraude, elle ordonne un second tour de scrutin pour un autre jour de la semaine.

De même, si une première fois le nombre des représentants à élire n'est pas rempli, il sera procédé un autre jour à une seconde élection pour le compléter.

106. S'il arrive que quelqu'un ait écrit sur son bulletin un nombre de noms en sus de celui requis, les noms excédant ce nombre seront considérés comme non avenus.

De même, tout bulletin sur lequel les noms n'auraient pas été écrits successivement de haut en bas sera annulé.

107. Les candidats ayant obtenu la moitié plus un du nombre des suffrages exprimés sont élus représentants.

108. Si une première et une seconde fois la majorité n'est pas acquise, l'assemblée électorale fait connaître les noms des deux candidats qui ont obtenu le plus de suffrages, et il sera procédé régulièrement à une troisième élection pour ces deux candidats.

109. Si deux candidats réunissent un nombre égal de suffrages, le plus âgé est élu.

Sanction des élections.

110. Chaque assemblée électorale fait parvenir à l'assemblée civile les noms des représentants élus par son quartier ou sa province, par un rapport adressé au patriarche, dans lequel doit être renfermé un modèle exact du bulletin de vote, avec l'indication du nom, du prénom, du domicile et de la profession de l'élu, et relatant toutes les circonstances du vote.

L'assemblée civile, après avoir examiné les rapports des élections, valide le pouvoir des représentants.

Cette validation terminée, le patriarche en donne officiellement avis aux nouveaux élus, et les invite à se réunir en assemblée générale à un jour désigné.

111. Dans sa première séance, l'assemblée générale, après avoir entendu les rapports examinés par l'assemblée civile, sanctionne la validation des élections, confirme les pouvoirs des représentants et achève de se constituer.

112. L'assemblée générale peut se réunir aussitôt que la majorité des représentants qui est dans Constantinople sera élue, sans attendre la fin des élections ni les représentants provinciaux, de l'élection desquels la nouvelle est sur le point d'arriver à Constantinople.

113. Si un représentant est élu à la fois par plusieurs quartiers ou provinces, il choisit lui-même le quartier ou la province qu'il désire représenter ; s'il ne le fait pas lui-même, l'assemblée générale le désigne par la voie du sort.

Dans ce cas, avis est donné au quartier ou à la province sur lequel le choix ou le scrutin ne sont pas tombés, de procéder à l'élection d'un autre représentant.

Il en sera fait de même lorsque, par suite de décès ou de démission, le nombre des représentants ne sera plus complet.

114. Un tableau alphabétique des représentants restera exposé au siége des séances de l'assemblée; sur ce tableau seront indiqués en face du nom, avec leur date, la démission, la mort, etc., de chacun des représentants. Un tableau semblable des membres de la première et de la deuxième catégorie adjoints aux représentants (art. 9) y sera aussi exposé. Ces tableaux seront renouvelés une fois tous les cinq ans, lors du renouvellement de l'assemblée générale.

Il sera délivré à chaque représentant une *carte de représentation* imprimée, pour s'en servir au besoin, suivant le modèle ci-dessous :

. . . . Représentant de la nation.
. . . . (*Année de Jésus-Christ.*)

. . . .

(*Signature du représentant.*)

et portant en tête le sceau patriarcal.

III. ÉLECTION DU PATRIARCHE.

115. Le patriarche doit être sacré par le catholicos d'Èdschmiadzin ou agréé par lui comme évêque et sujet de l'empire ottoman.

116. Les assemblées religieuse et civile, constituées en assemblée mixte, examinent les titres des évêques et vartabeds réunissant les conditions d'éligibilité, tant sous le rapport religieux que sous le rapport civil, et désignent trois candidats dont elles présentent les noms à l'assemblée générale.

Ces trois candidats sont soumis au vote par scrutin secret de l'assemblée générale, et celui qui obtient la majorité est le patriarche légitime de la nation.

Si la majorité n'est pas acquise une première fois, on procède à un second tour de scrutin; si le second tour reste lui-même sans résultat, le bureau fait connaître les noms des deux candidats qui ont obtenu le plus grand nombre de suffrages, et on procède régulièrement à un troisième tour de scrutin pour ces deux candidats.

Si les suffrages se portent en nombre égal entre ces deux candidats, l'élection est remise au sort.

Si le patriarche élu est vartabed, il est également envoyé à Èdschmiadzin pour y être sacré évêque.

117. L'élection terminée, il est rédigé un rapport signé par tous les membres présents, et dont une copie, revêtue du sceau de l'assemblée générale, est présentée par l'intermédiaire de l'assemblée mixte à la Sublime Porte, qui nomme le patriarche.

118. Avant d'être présenté à la Sublime Porte, le nouveau patriarche prête le serment solennel suivant, dans l'église, en présence de l'assemblée générale : « Devant Dieu et en face de la nation arménienne, représentée par l'assemblée générale, je jure de rester fidèle à la constitution nationale, et de veiller de tout mon pouvoir à sa pleine et entière exécution. »

119. Si le patriarche commet une infraction à la constitution, il est mis en accusation.

120. La mise en accusation du patriarche peut être faite par les représentants de la nation, par l'assemblée religieuse ou l'assemblée civile.

L'accusation ayant lieu, l'assemblée générale se réunit et constitue dans son sein une commission d'enquête composée de 21 membres (7 ecclésiastiques, 7 représentants de quartier et 7 représentants provinciaux), pris en dehors de ceux qui ont porté l'accusation.

La commission d'enquête, après avoir examiné l'accusation, adresse son rapport à l'assemblée générale, qui soumet le jugement de l'affaire au scrutin secret; si le résultat, que doivent signer tous ceux qui ont pris part au scrutin, prononce la destitution du patriarche, les présidents des deux assemblées vont le présenter au patriarche, qui, en voyant l'expression de la volonté nationale, est tenu de donner sa démission.

121. Le patriarche démissionnaire est rangé parmi les évêques diocésains, et traité comme tel par l'assemblée mixte.

IV. ÉLECTION DES AR'ADSCHNORTS.

122. L'élection de l'ar'adschnort se fait dans l'assemblée générale de la province, de la même manière que celle du patriarche.

Un rapport légalisé de l'élection est envoyé, par l'intermédiaire de l'assemblée provinciale mixte, au patriarche, qui nomme l'ar'adschnort avec l'approbation de l'assemblée centrale mixte.

123. Si l'ar'adschnort commet une infraction à la constitution, il est mis en accusation par les assemblées provinciales. Après qu'une enquête aura été dressée, conformément à l'article 120, le jugement sera porté à la connaissance de l'assemblée mixte, qui en opérera l'exécution.

V. ÉLECTION DES MEMBRES DES ASSEMBLÉES ET DES CONSEILS.

124. L'assemblée générale élit les membres des assemblées religieuse et civile.

L'assemblée civile élit les membres des conseils de surveillance, à l'exception du conseil de justice, dont les membres ecclésiastiques sont choisis par l'assemblée religieuse.

Pour être membre du conseil de justice, il faut avoir quarante ans accomplis et être marié.

Les électeurs de chaque quartier élisent les membres du conseil de quartier sur la présentation de l'assemblée électorale, conformément aux règlements électoraux.

L'élection des membres des assemblées et des conseils dans les provinces se fera de la même manière.

125. L'assemblée générale est dissoute tous les cinq ans à la fin de mars, et renouvelée au commencement d'avril.

Les assemblées religieuse et civile et les conseils de surveillance sont dissous chaque année à la fin de mars, par moitié seulement, et renouvelés dans la même proportion au commencement du mois d'avril [1].

Les membres des conseils de quartier et de diocèse sont dissous tous les quatre ans à la fin de mars et renouvelés au commencement d'avril.

Le renouvellement des assemblées et des conseils dans les provinces a lieu de la même manière.

126. Les représentants de la nation et les membres des conseils de quartier et de diocèse sont immédiatement rééligibles aux mêmes fonctions. Les membres des assemblées religieuse et civile et des conseils de surveillance qui ne sont pas immédiatement rééligibles aux mêmes fonctions, peuvent être élus à des fonctions d'un autre genre.

Il en est de même de la rééligibilité des fonctionnaires dans les provinces.

127. Chaque fois que les assemblées ou les conseils seront renouvelés, la liste des nouveaux membres sera publiée par le journal.

[1] La première fois le remplacement de la moitié des membres des assemblées et des conseils a lieu au sort.

CHAPITRE IV

Réglements intérieurs des assemblées et des conseils.

I. RÈGLEMENTS ADMINISTRATIFS.

128. Chaque assemblée et conseil aura un bureau composé d'un président, d'un secrétaire et d'un nombre de vice-présidents et vice-secrétaires en rapport avec les besoins de l'assemblée, tous pris dans son sein et élus par elle.

A la première séance, l'assemblée, sous la présidence du doyen d'âge, avec le plus jeune membre pour secrétaire, constitue son bureau.

129. Les fonctions du président consistent à ouvrir et à fermer l'assemblée et à en exercer le gouvernement intérieur, à diriger les débats, à veiller à l'observation des règlements et à donner la parole aux orateurs à tour de rôle.

130. Les fonctions du secrétaire consistent à rédiger par écrit tout ce qui se dit dans l'assemblée, à reproduire exactement les décisions prises ou les exposés de motifs énoncés, à présenter le compte rendu à la séance suivante, et à dresser une liste des travaux de l'assemblée par ordre de priorité.

131. Les fonctions des vice-présidents et des vice-secrétaires consistent à remplacer le président et le secrétaire en cas d'absence de ces derniers.

132. Le bureau de l'assemblée se renouvelle chaque année; les membres en sont immédiatement rééligibles.

Le bureau de l'assemblée générale se renouvelle tous les cinq ans, lors du renouvellement de l'assemblée générale elle-même.

II. RÈGLEMENTS DISCIPLINAIRES.

133. Les assemblées religieuse et civile et les conseils de surveillance se réuniront au palais patriarcal une fois par semaine, à un jour déterminé.

Les présidents peuvent, dans des circonstances pressantes,

réunir extraordinairement l'assemblée ou le conseil, un autre jour et dans un autre lieu.

Le jour de la réunion de l'assemblée générale sera annoncé par le journal au moins trois jours à l'avance.

134. Toute séance à laquelle la majorité des membres ne sera pas présente sera nulle; il ne pourra y être pris de décision sur aucune affaire.

135. L'assemblée ne pourra être ouverte en l'absence du président et du secrétaire.

Lorsque la majorité étant présente, le président ou le secrétaire, les vice-présidents et les vice-secrétaires seront absents, l'assemblée sera ouverte sous la présidence du doyen d'âge, avec le plus jeune membre pour secrétaire.

136. Nul ne pourra parler dans l'assemblée sans avoir préalablement demandé et obtenu la parole du président.

137. Tout membre qui veut présenter une proposition doit d'abord la faire inscrire au tableau d'ordre avec son nom; puis, son tour étant venu, il a le droit de développer sa proposition, et l'assemblée est tenue de l'entendre. Cet ordre ne peut être changé que lorsqu'il advient une autre affaire que l'assemblée juge nécessaire de décider d'urgence.

138. Après avoir été dûment examinée et discutée, après que l'opinion de tout le monde aura été consultée, l'affaire sera soumise au scrutin et décidée à la majorité des suffrages des membres actuellement présents.

139. Quand les votes sont également partagés, la voix du chef, s'il est présent, et en son absence celle du président, décidera.

140. Dans l'assemblée mixte, chaque affaire est décidée par le vote séparé des deux assemblées; quand des deux côtés la majorité se prononce dans le même sens, l'affaire est terminée; dans le cas contraire, il y a désaccord entre les deux assemblées, et l'affaire reste à la décision de l'assemblée générale. (Art. 1, 12.)

141. Dans les assemblées, toute élection, toute loi, tout établissement d'impôt national, toute révision de la constitu-

tion, quels qu'ils soient, seront décidés par le vote au scrutin secret ; il en sera de même de la décision de toute affaire quelconque, quand le scrutin secret est nécessaire.

142. Les présidents des conseils peuvent, soit seuls, soit, selon le besoin, accompagnés d'un autre membre du même conseil, se présenter à l'assemblée civile à un moment donné, et discuter les affaires concernant leur conseil ; mais ils ne peuvent prendre part au scrutin.

143. Il sera dressé pour chaque séance des assemblées et des conseils un compte rendu particulier, qui sera signé par tous les membres présents.

Les comptes rendus de l'assemblée générale seront signés seulement par le patriarche et les membres du bureau.

Les membres de l'assemblée générale signent sur une *feuille de présence* le moment de leur entrée au siége de l'assemblée.

144. Chaque assemblée, chaque conseil doit dresser un rapport général annuel de tous les travaux accomplis sous sa surveillance ou sa gestion, et le remettre à l'assemblée ou au conseil compétent.

Ce rapport doit être signé de tous les membres.

145. Quand un membre d'une assemblée ou d'un conseil manque trois fois de suite sans avoir donné par lettre un motif raisonnable de son absence, mention en est faite au compte rendu, et le président lui écrit au nom de l'assemblée ou du conseil pour lui en demander la cause. Si l'assemblée ne reçoit pas de réponse ou n'est pas satisfaite de la réponse donnée, le président fait connaître par une seconde lettre au délinquant le jugement de l'assemblée, et l'invite à se présenter à la séance suivante ; s'il ne s'y présente pas, il commet une négligence dans l'accomplissement de ses devoirs envers la nation, et son absence est considérée comme une démission. Si le nombre de ces membres arrive jusqu'à 3, le chef de l'assemblée ou le président demande leur remplacement à l'assemblée compétente [1].

[1] Cette disposition ne concerne pas l'assemblée générale.

Il devra en être fait de même lorsque le même nombre de membres viendra à manquer dans une assemblée ou un conseil par suite de décès ou de démission.

CHAPITRE V

Révision de la Constitution.

146. La constitution nationale rédigée par l'assemblée constituante est acceptée et signée une première fois par une assemblée générale provisoire, après quoi une assemblée générale réunie conformément aux dispositions de la constitution la sanctionne par sa signature, au nom de la nation, et la fixe d'une manière définitive.

L'original signé de la constitution sera conservé dans les archives nationales, et des copies en seront publiées par la voie de l'imprimerie.

147. La constitution nationale, une fois acceptée par la nation, est considérée comme l'expression claire et nette de sa volonté, et les dispositions y consignées ne peuvent pas être changées par le gouvernement national.

Mais lorsque, après une longue expérience dans la pratique de la constitution, le gouvernement national reconnaît le besoin de changer quelques articles, il peut, en se conformant toujours à leurs dispositions, et seulement à la fin de la deuxième année d'exercice, en proposer la révision à l'assemblée générale.

148. Si l'assemblée générale adopte la proposition, elle constitue une commission de révision, composée comme suit :

Elle choisit 4 membres dans chacune des assemblées religieuse et civile, 3 dans chacun des conseils de surveillance, et en outre 10 membres pris dans son sein ou en dehors, en tout 30 membres.

149. La commission de révision, examinant uniquement les observations faites par le gouvernement national, déter-

mine les changements devenus nécessaires, et les présente à l'assemblée générale par l'intermédiaire du patriarche.

150. La révision de la constitution ne peut être acceptée pour la nation si elle n'est pas conforme aux dispositions des principes fondamentaux, de ces principes par lesquels sont sauvegardés les droits de la nation, droits dont la nation même ne peut jamais disposer, parce qu'ils sont en même temps des devoirs.

RÉPARTITION DES REPRÉSENTANTS DE LA NATION.

Constantinople.

	Quartier.	Église.	Nombre des représentants
1	Koum-k'apou	Cathédrale.	24
2	»	Sainte-Résurrection	2
3	Kédig-ph'ascha	Saint-Jean.	6
4	Yéni-k'apou	Saints Thaddée et Barthélemy.	4
5	Samathia	Saint-Georges.	15
6	»	Saint-Jacques.	1
7	Narlé-k'apou Mak'ri-kegh' Ay Stéphani Ay Yeurgui	Saint-Jean Saint-Étienne Sainte-Mère de Dieu Sainte-Mère de Dieu . . .	2
8	Thoph'-k'apou	Saint-Nicolas	2
9	K'ara-guemrug	Saint-Jean Chrysostome. . .	4
10	Balad	Saint-Archange.	15
11	Eyub	Sainte-Mère de Dieu. . . .	1
12	»	Saint-Élie	1
13	Khas-kugh'	Saint-Étienne	15
14	Kacem-ph'ascha	Saint-Jacques.	1
15	Péra Galata	Sainte-Trinité Saint-Illuminateur . . .	17
16	Beschig-thasch	Sainte-Mère de Dieu. . . .	10
17	Ortha-kugh'	Sainte-Mère de Dieu. . . .	14
18	K'orou-tcheschmé Hiçar Mirgun Nor-kugh' Buyuk'-déré	Sainte-Croix Sainte-Santoukhd Saints Trois-Enfants Sainte-Mère de Dieu Sainte-Hr'iph'simé . . .	5
		A reporter.	136

	Quartier.	Église.	Nombre des représentants.
		Report.	136
19	Beïkoz K'andilli	Saint-Nicolas Saints-Apôtres	1
20	Kouzgoundjouk' Idjadié	Saint-Illuminateur.	2
21	Osguidar	Saint-Précurseur.	8
22	» Alem-dagh'	Sainte-Croix Sainte-Croix	11
23	Chalcédoine	Saint-Roi.	1
24	K'arthal	Sainte-Croix.	1
			160

Provinces.

	Circonscription d'archevêché.	Nombre des représentants.		Circonscription d'archevêché.	Nombre des représentants.
1	Jérusalem.	1	25	Eguine.	1
2	Égypte.	1	26	Divrig.	1
3	Alep.	1	27	Malathia	1
4	Chypre Tarsous Sis	1	28 29 30	Gurïn Anthèb. K'ilis	1 1 1
5	Marasch.	1	31	Schabïn K'arahiçar.	1
6	Badjin.	1	32	Sivas	2
7	Zeïthoun	1	33	Tokat	1
8	Adana.	1	34	Marsevan.	1
9	Edesse.	1	35	Amasie.	1
10	Amid.	1	36	Trébizonde.	1
11	Kurdistan.	1	37	Djanig.	1
12	Bagdad.	1	38	Yeuzgh'at.	1
13	Bidlis.	1	39	Césarée.	2
14	Van.	3	40	Galatie.	1
15	Agh'thamar	1	41	Koutaïéh	1
16	Gars.	1	42	Smyrne.	1
17	Mousch.	2	43	Brousse.	1
18	Erzenga.	1	44	Banderma.	1
19	Baïbourt	1	45	Nicomédie.	3
20	Erzeroum.	2	46	Rodostho.	1
21	K'arpert.	3	47	Andrinople.	1
22	Arabguer.	1	48	Valachie	1
23	Palou.	1	49	Moldavie	1
24	Kégh'i.	1	50	Varna.	1

TOTAL. 60

MEMBRES DE L'ASSEMBLÉE CONSTITUANTE.

Garabe, évêque de Sivas, 'Orhannès, vartabed à Galata,
S. Jérémie, prêtre à Khas-kugh', S. 'Orhannès Ph'aph'azian, prêtre,
S. 'Orhannès Hunk'iarbéiêndian, prêtre,

Althoun Durri, Ph'èschdemaldjian S., R'oucinian,
Aschnanian P., K'erthiguian P., Démirdjibaschian E.,
Uthudjian G. S., Agh'athôn M., K'aïcérian Th.,
Miçak'an V., Iagh'oubian E., Odian K. S.
Murênian, J., Minas M.,

Galata, 20 mai 1860.

Adopté à l'unanimité et signé par l'Assemblée générale de la nation.
Constantinople, palais patriarcal des Arméniens,

24 mai 1860.

Paris. — Imp. W. Remquet, Goupy et Cie, 5, rue Garancière.

www.ingramcontent.com/pod-product-compliance
Ingram Content Group UK Ltd.
Pitfield, Milton Keynes, MK11 3LW, UK
UKHW021027200726
13857UKWH00004B/1625

9 782012 785793